上海市工程建设规范

城市轨道交通全自动运行系统验收标准

Acceptance standard of fully automatic operation system for urban rail transit

DG/TJ 08—2442—2023
J 17272—2023

主编单位：上海市交通运输行业协会
批准部门：上海市住房和城乡建设管理委员会
施行日期：2024 年 4 月 1 日

同济大学出版社

2024　上海

图书在版编目(CIP)数据

城市轨道交通全自动运行系统验收标准 / 上海市交通运输行业协会主编. —上海：同济大学出版社, 2024.5

ISBN 978-7-5765-1143-7

Ⅰ.①城… Ⅱ.①上… Ⅲ.①城市铁路-轨道交通-自动驾驶系统-工程验收-标准-上海 Ⅳ.①U239.5-65

中国国家版本馆 CIP 数据核字(2024)第 090927 号

城市轨道交通全自动运行系统验收标准
上海市交通运输行业协会　主编

责任编辑	朱　勇
责任校对	徐春莲
封面设计	陈益平
出版发行	同济大学出版社　www.tongjipress.com.cn
	(地址：上海市四平路 1239 号　邮编：200092　电话：021-65985622)
经　　销	全国各地新华书店
印　　刷	浦江求真印务有限公司
开　　本	889mm×1194mm　1/32
印　　张	2
字　　数	50 000
版　　次	2024 年 5 月第 1 版
印　　次	2024 年 5 月第 1 次印刷
书　　号	ISBN 978-7-5765-1143-7
定　　价	25.00 元

本书若有印装质量问题，请向本社发行部调换　　版权所有　侵权必究

上海市住房和城乡建设管理委员会文件

沪建标定〔2023〕572 号

上海市住房和城乡建设管理委员会关于批准《城市轨道交通全自动运行系统验收标准》为上海市工程建设规范的通知

各有关单位：

由上海市交通运输行业协会主编的《城市轨道交通全自动运行系统验收标准》，经我委审核，现批准为上海市工程建设规范，统一编号为 DG/TJ 08—2442—2023，自 2024 年 4 月 1 日起实施。

本标准由上海市住房和城乡建设管理委员会负责管理，上海市交通运输行业协会负责解释。

上海市住房和城乡建设管理委员会

2023 年 11 月 1 日

前　言

根据上海市住房和城乡建设管理委员会《关于印发〈2021年上海市工程建设规范、建筑标准设计编制计划〉的通知》（沪建标定〔2020〕771号）的要求，上海市交通运输行业协会会同有关单位，经广泛调查研究，认真总结实践经验，并在广泛征求意见的基础上制定了本标准。

本标准的主要内容有：总则；术语；缩略语；基本规定；功能验收；安全验收；附录A～C。

各单位及相关人员在执行本标准过程中，如有意见和建议，请反馈至上海市交通委员会（地址：上海市世博村路300号1号楼；邮编：200125；E-mail：shjtbiaozhun@126.com），上海市交通运输行业协会（地址：上海市建国东路525号18楼；邮编：200025；E-mail：sjx63903418@163.com），上海市建筑建材业市场管理总站（地址：上海市小木桥路683号；邮编：200032；E-mail：shgcbz@163.com），以便今后修订时参考。

主编单位：上海市交通运输行业协会

参编单位：卡斯柯信号有限公司
上海地铁第一运营有限公司
上海申通轨道交通检测认证有限公司
上海申通轨道交通研究咨询有限公司
上海市隧道工程轨道交通设计研究院
上海电气泰雷兹交通自动化系统有限公司

主要起草人：周　淮　张　璇　马伟杰　马能艺　李江莉
付　鹏　王伟雯　包天刚　朱仰瑞　朱军林
朱　宏　朱　翔　刘德伟　麦新晨　李明峰

　　　　　　　杨　涛　　杨超华　　吴之珺　　余海滨　　汪小勇
　　　　　　　张国刚　　张　凯　　陈绍文　　陈浩飞　　范庆宝
　　　　　　　范晓栋　　南　楠　　洪海珠　　洪　翔　　费薄俊
　　　　　　　夏　芸　　凌小雀　　管国良　　熊金红　　薛　强
主要审查人：谭企坤　　张伟国　　王大庆　　刘志钢　　刘　璠
　　　　　　　印祯民　　盛雄伟

　　　　　　　　　　　　　上海市建筑建材业市场管理总站

目 次

1 总 则 …………………………………………………………… 1
2 术 语 …………………………………………………………… 2
3 缩略语 …………………………………………………………… 4
4 基本规定 ………………………………………………………… 5
5 功能验收 ………………………………………………………… 6
   5.1 一般规定 …………………………………………………… 6
   5.2 指标检验 …………………………………………………… 6
   5.3 功能检验 …………………………………………………… 8
   5.4 性能检验 …………………………………………………… 23
6 安全验收 ………………………………………………………… 27
   6.1 一般规定 …………………………………………………… 27
   6.2 安全性审核 ………………………………………………… 27
   6.3 安全配置检查 ……………………………………………… 28
附录 A 指标计算方法 …………………………………………… 31
附录 B 功能验收记录 …………………………………………… 36
附录 C 安全验收记录 …………………………………………… 37
本标准用词说明 …………………………………………………… 41
引用标准名录 ……………………………………………………… 42
条文说明 …………………………………………………………… 43

Contents

1 General provisions ·· 1
2 Terms ·· 2
3 Abbreviations ··· 4
4 Basic requirements ·· 5
5 Functional acceptance ·· 6
   5.1 General requirements ······································ 6
   5.2 Indicator test ·· 6
   5.3 Functional test ·· 8
   5.4 Performance test ··· 23
6 Safety acceptance ·· 27
   6.1 General requirements ······································ 27
   6.2 Safety review ·· 27
   6.3 Safety configuration inspection ························ 28
Appendix A Calculation method of performance indicator ·· 31
Appendix B Functional acceptance report ······················ 36
Appendix C Safety acceptance report ···························· 37
Explanation of wording in this standard ······················· 41
List of quoted standards ·· 42
Explanation of provisions ··· 43

1 总　则

1.0.1 为加强城市轨道交通全自动运行系统工程质量管理，明确城市轨道交通全自动运行系统验收要求，特制定本标准。

1.0.2 本标准适用于以 GoA4 等级标准建设的城市轨道交通新建与改扩建工程。

1.0.3 本标准适用于城市轨道交通全自动运行系统功能与安全的验收。

1.0.4 全自动运行系统的工程质量验收，除应符合本标准外，尚应符合国家、行业和本市现行有关标准的规定。

2 术 语

2.0.1 全自动运行系统 fully automatic operation system
采用无人驾驶或无人干预的自牵引列车的城市轨道交通系统。

2.0.2 核心系统 core system
与行车组织密切相关的车辆、信号、通信、综合监控及站台门系统。

2.0.3 唤醒 awake
对休眠列车上电、执行综合自检(含相关核心系统自检及联合测试)并反馈唤醒成功或失败状态的过程。

2.0.4 列车站台自动对位 jog
列车在一定范围内未能精确停站后,自动再次对位停车。

2.0.5 清客确认按钮 passengers clearance confirmation button
设置于站台上的按钮,用于人工确认全自动运行列车清客完成后自动触发下线作业。

2.0.6 休眠 sleep
列车执行断开常用负载及断电(除永久负载外)的过程。

2.0.7 车门紧急解锁装置 emergency handle device
设置于车辆客室门旁的紧急操作装置,激活后用于列车停车后解锁车门。

2.0.8 乘客紧急对讲 interphone handle
设置于列车客室内的紧急操作装置,激活后用于乘客和中心列车值守人员的直接对讲。

2.0.9 工作人员防护开关 staff protecting key switch
设置于室内或线路侧,为运营及维护人员进入全自动运行区域提供安全防护。工作人员防护开关激活后,全自动运行系统为其建立安全防护分区,分区内的ATP防护列车(FAM、AM或

CM模式列车)立即停车或保持静止状态不发生移动,分区外的ATP防护列车不允许进入分区内。

2.0.10 蠕动模式 creep automatic mode

全自动运行模式下,当车辆发生网络故障、或信号与车辆牵引/制动接口故障时,由控制中心人工远程确认后,采用备用接口在信号系统的防护下直接控制车辆的牵引制动系统低速运行至站台的运行模式。

2.0.11 远程限制驾驶模式 remote speed restrictive mode

全自动运行列车丢失定位后,通过中心人工远程授权,控制列车自动运行重新获得定位,恢复全自动运行。

2.0.12 障碍物探测 obstacle detection

被动或主动探测列车前方障碍物并进行障碍物报警,列车触发紧急制动或常用制动停车。

2.0.13 对位隔离 fault isolation

对故障车门执行隔离操作后,列车到站后自动隔离该车门所对应的站台滑动门,该站台滑动门不执行开门动作;对故障站台滑动门执行隔离操作后,列车到站后自动隔离该站台滑动门所对应的车门,该车门不执行开门动作。

2.0.14 联动开/关门按钮 linkage open/close button

设置于站台上,实现车门/站台门联动开/关的按钮,可用于站台清客及车门/站台门再关门等。

2.0.15 间隙探测装置 gap detection device

设置于站台滑动门旁的探测装置,用于站台门与车门间夹人夹物情况的自动探测,探得后阻止站台区域列车动车。

2.0.16 安全完整性等级 safety integrity level

许多已规定的断续的数值之一,这些数值规定了分配给安全相关系统的安全功能的安全完整性要求。数值越大,安全完整性等级越高。

3 缩略语

AM：automatic mode，列车自动驾驶模式
ATS：automatic train supervision，列车自动监控
ATO：automatic train operation，列车自动运行
ATP：automatic train protection，列车自动防护
CAM：creep automatic mode，蠕动模式
CM：coded manual，列车自动防护下的人工驾驶模式
CCTV：closed-circuit television，闭路电视
DCC：depot control center，车辆基地控制中心
FAM：fully automatic mode，全自动运行模式
GoA：grade of automation，自动化等级
IPH：interphone handle，乘客紧急对讲
ISCS：integrated supervisory control system，综合监控系统
OCC：operation control center，控制中心
PA：public-address，广播
PIS：passenger information system，乘客信息系统
SIL：safety integrity level，安全完整性等级
SPKS：staff protection key switch，工作人员防护开关
TCMS：train control and management system，列车控制与管理系统

4 基本规定

4.0.1 城市轨道交通全自动运行系统验收的前提条件应符合下列规定：

  1 应在各核心系统单系统调试、接口调试、综合联调合格的基础上进行，并提供调试、联调证明文件。

  2 应在各核心系统的安全管理工作及第三方安全评估完成的基础上进行。

4.0.2 城市轨道交通全自动运行系统验收的检验批为全自动运行系统，检验批的质量应按主控项目全部检验，全自动运行系统验收应符合表4.0.2的规定。

表4.0.2 全自动运行系统验收内容和主控项目

验收项目	验收内容	主控项目
全自动运行系统功能验收	全自动运行系统关键运营质量指标	5.2.1、5.2.2
	全自动运行系统可靠性指标	5.2.1、5.2.2
	全自动运行系统功能	5.3.1~5.3.32
	全自动运行系统性能	5.4.1~5.4.8
全自动运行系统安全验收	全自动运行核心系统安全完整性等级	6.2.1、6.2.2
	全自动运行系统车辆基地安全配置	6.3.1
	全自动运行系统车站安全配置	6.3.2
	全自动运行系统列车安全配置	6.3.3

4.0.3 检验批质量合格应符合下列规定：

  1 主控项目经检验、审核以及检查，符合相关检验要求。

  2 具有完整的检验操作方案和检验记录。

5 功能验收

5.1 一般规定

5.1.1 城市轨道交通全自动运行系统应具备以下全自动运行功能：列车唤醒、列车自动出入库、列车自动开/关门、列车站台自动对位、列车站台自动发车、列车自动折返、站台自动清客、远程临时清客、系统自动扣车、列车工况模式自动转换、列车工况模式人工设置、FAM模式指示灯、列车自动鸣笛（如有）、列车自动洗车、列车休眠、列车远程在线检测、列车远程控制、车门远程控制（如有）、远程广播及乘客信息发布、远程车载视频图像调用、乘客紧急对讲、列车与中心联动、远程停车、紧急制动自动缓解、工作人员防护开关、信号授权解锁逃生门、蠕动模式、远程限制驾驶模式驾驶列车（如有）、列车障碍物探测、车门/站台门对位隔离、站台联动开/关门、站台门间隙探测。

5.1.2 应以全自动运行系统的设计文件为依据，在本标准规定范围内逐项检验全自动运行系统指标、功能及性能是否符合设计要求，并形成相应的检验记录。

5.1.3 检验记录应至少包括检验前提、检验步骤、检验要求和检验结果。

5.2 指标检验

5.2.1 应按照运营时段列车运行图，在全自动运行模式下连续组织行车90 d以上，对全自动运行关键运营质量指标和全自动运行系统可靠性指标进行检验，检验结果应符合下列要求：
1 列车运行图兑现率不低于99.5%。
2 列车正点率不低于99.5%。
3 列车服务可靠度不低于30万列公里/次。
4 列车退出正线运行故障率不高于0.3次/万列公里。
5 车辆系统故障率不高于0.4次/万列公里。
6 信号系统故障率不高于0.2次/万列公里。
7 站台门故障率不高于0.2次/万次。
8 专用无线通信系统可用性不低于99.99%。
9 综合监控系统可用性不低于99.9%。
10 退出全自动运行模式率不高于1次/万列公里。
11 列车唤醒自检成功率不低于98%。

5.2.2 初期运营前，应按照运营时段列车运行图，在全自动运行模式下连续组织行车20 d以上，对全自动运行关键运营质量指标和全自动运行系统可靠性指标进行检验，检验结果应符合下列要求：
1 列车运行图兑现率不低于99%。
2 列车正点率不低于98.5%。
3 列车服务可靠度不低于12万列公里/次。
4 列车退出正线运行故障率不高于0.3次/万列公里。
5 车辆系统故障率不高于1次/万列公里。
6 信号系统故障率不高于1次/万列公里。
7 站台门故障率不高于0.6次/万次。
8 退出全自动运行模式率不高于2次/万列公里。
9 列车唤醒自检成功率不低于95%。

5.2.3 针对贯通运营的延伸线工程，除站台门故障率按延伸区段统计外，其余关键指标应按全线统计。

5.2.4 对于专用无线通信系统、综合监控系统的可用性检验，应对设计单位和施工单位出具的可用性报告进行审核，并确认符合上述可用性要求。

5.3 功能检验

5.3.1 列车唤醒功能检验应符合表 5.3.1 的规定。

检验数量：抽取不少于 10% 的运用列车；抽取 1 座车辆基地不少于 1 个休眠唤醒点；抽取不少于 1 个正线休眠唤醒点。

检验方式：地面操控配合随车观察、测试检验；见证检验。

表 5.3.1 列车唤醒功能检验

项目名称	列车唤醒功能检验
检验内容及方法	通过自动唤醒、远程人工唤醒和就地人工唤醒 3 种方式进行测试： a) 上电 在自动唤醒或远程人工唤醒检验时，其中自动唤醒应能根据运行计划自动唤醒列车，远程人工唤醒在 OCC/DCC 调度工作站对列车进行唤醒操作，就地人工唤醒由操作人员在车内手动操作唤醒列车，观察列车是否上电成功。 b) 综合自检 观察车载信号系统及车辆相关系统是否进行自检并记录联合测试状态。 c) 唤醒结果 观察并记录 OCC/DCC 调度工作站显示唤醒状态
结果要求	a) 上电 系统或人工对成功休眠的列车实施上电。 b) 综合自检 车载信号系统及车辆相关系统完成并通过自检后自动进入联合测试，包括施加/释放制动和开/关门，并在 OCC/DCC 调度工作站上显示综合自检结果。 c) 唤醒结果 OCC/DCC 调度工作站显示列车唤醒成功或失败的信息。 注：在车辆基地停车列检库及正线存车线的综合自检进行左/右侧车门开关；在站台的综合自检不进行车门开关

5.3.2 列车自动出入库功能检验应符合表5.3.2的规定。
　　检验数量：所有车辆基地；分别抽取1列车。
　　检验方式：测试检验；见证检验。

表5.3.2　列车自动出入库功能检验

项目名称	列车自动出入库功能检验
检验内容及方法	加载出入库计划后，观察并记录： a) 列车是否根据出库计划自动从车辆基地停车股道出发，并自动运行至出入线接轨站； b) 列车是否根据入库计划自动从出入线接轨站回库，并自动运行至车辆基地停车股道
结果要求	列车根据运行计划执行自动出入库运行

5.3.3 列车自动开/关门功能检验应符合表5.3.3的规定。
　　检验数量：抽取1列车；抽取不少于50％站台侧。
　　检验方式：测试检验；见证检验。

表5.3.3　列车自动开/关门功能检验

项目名称	列车自动开/关门功能检验
检验内容及方法	列车进站后，观察并记录： a) 列车在站台停准后，观察并记录车门及站台门是否自动打开； b) 停站时间结束，观察车门是否发出声光提示并与站台门联动关闭
结果要求	a) 列车到站停准后，车门/站台门自动打开； b) 停站时间结束，车门发出声光提示并与站台门联动关闭

5.3.4 列车站台自动对位功能检验应符合表5.3.4的规定。
　　检验数量：抽取1列车；抽取1个站台。
　　检验方式：地面操控配合随车观察、测量检查、测试检验；见证检验。

表 5.3.4 列车站台自动对位功能检验

项目名称	列车站台自动对位功能检验
检验内容及方法	列车从前一站发车后,通过工具设置欠停、过停距离,或通过模拟设备故障,观察并记录列车到站后相关运行情况: a) 当设置的欠停距离在自动对位范围内 通过工具测量列车是否欠停在自动对位范围内,观察并记录是否不自动开车门和站台门、是否自动对位。自动对位成功后,观察并记录车门及站台门是否自动打开。 b) 当设置的过停距离在自动对位范围内 通过工具测量列车是否过停在自动对位范围内,观察并记录是否不自动开车门和站台门、是否自动对位。自动对位成功后,观察并记录车门及站台门是否自动打开。 c) 当设置的过停距离超过自动对位范围 通过工具测量列车是否过停在自动对位范围外,观察并记录列车是否自动向下一站运行或于站台停车不自动发车。 d) 当设置列车在站台自动对位次数达到系统设计上限后仍未完成对位 观察并记录列车是否自动向下一站运行或于站台停车不自动发车
结果要求	列车在自动对位范围内停车,车门和站台门不自动打开,列车进行自动对位成功后,车门及站台门自动打开。 列车过停距离超过自动对位范围或站台自动对位次数达到系统设计上限后仍未完成自动对位,自动向下一站运行或于站台停车不自动发车

5.3.5 列车站台自动发车功能检验应符合表 5.3.5 的规定。

检验数量:抽取 1 列车;抽取不少于 50%站台。

检验方式:测试检验;见证检验。

表 5.3.5 列车站台自动发车功能检验

项目名称	列车站台自动发车功能检验
检验内容及方法	列车发车条件满足后,观察并记录: a) 列车是否自动发车; b) 列车自动发车后车辆 PA 是否播放离站信息
结果要求	满足发车条件后,列车自动发车离站,车辆 PA 播放离站信息

5.3.6 列车自动折返功能检验符合表 5.3.6 的规定。

检验数量:抽取 1 列车;所有运营折返点。

检验方式:测试检验;见证检验。

表 5.3.6　列车自动折返功能检验

项目名称	列车自动折返功能检验
检验内容及方法	a) 站前折返 列车自动停站后,观察并记录列车车门和站台门的状态、OCC调度工作站是否显示自动办理发车进路、列车是否完成激活端换端;停站时间结束后,观察并记录列车车门和站台门状态及列车运行情况。 b) 站后折返 列车停站时间结束后,观察并记录列车车门和站台门的状态及列车运行情况;列车停至折返线后,观察OCC调度工作站是否显示自动办理发车进路,列车完成行驶方向转换;折返线停车时间结束后,观察并记录列车运行情况
结果要求	a) 站前折返 列车自动停站,列车车门和站台门自动打开并保持开启,OCC调度工作站显示发车进路已自动办理,同时列车完成激活端换端;停站时间结束后,列车车门和站台门自动关闭并自动离站。 b) 站后折返 停站时间结束后,列车车门和站台门自动关闭,列车自动运行至站后折返线;列车停至折返线后,OCC调度工作站显示发车进路已自动办理,列车完成激活端换端;折返线停车时间结束后,列车自动驶离折返线

5.3.7 站台自动清客功能检验应符合表 5.3.7 的规定。

检验数量:抽取 1 列车;所有自动清客站台。

检验方式:测试检验;见证检验。

表 5.3.7　站台自动清客功能检验

项目名称	站台自动清客功能检验
检验内容及方法	a) 列车根据时刻表到达自动清客站台之前,观察并记录车辆PIS信息显示情况以及车辆PA情况; b) 列车到达清客站台时,观察并记录列车车门和站台门以及车运行状态; c) 在 OCC 调度工作站完成清客确认或在站按压清客确认按钮后,观察并记录 OCC 调度工作站上列车停车站扣车图标显示情况,当前列车工况,列车车门和站台门状态以及列车运行状态

续表5.3.7

项目名称	站台自动清客功能检验
结果要求	a) 列车进站前车辆 PIS 自动显示终点站信息,车辆 PA 自动播放终点站相关广播; b) 列车到站后触发自动清客,自动打开车门和站台门并自动扣车; c) 在 OCC 调度工作站人工操作清客确认或在站台按压清客确认按钮后,自动取消扣车,列车工况自动转换为"退出正线服务",自动关闭车门和站台门并自动离站

5.3.8 远程临时清客功能检验应符合表5.3.8的规定。

检验数量:抽取 1 列车;抽取 1 个站台。

检验方式:测试检验;见证检验。

表 5.3.8 远程临时清客功能检验

项目名称	远程临时清客功能检验
检验内容及方法	a) 在 OCC 调度工作站提前设置临时清客,观察并记录车辆 PA 情况; b) 列车到达站台清客时,观察并记录列车车门和站台门以及列车运行状态,OCC 调度工作站上列车停车站台是否显示扣车图标; c) 在 OCC 调度工作站完成清客确认后或在站台按压清客确认按钮(如配置),观察并记录 OCC 调度工作站上列车停车站台扣车图标显示情况,当前列车工况,列车车门和站台门状态以及列车运行状态
结果要求	a) 列车进站前自动播放临时清客的相关广播; b) 列车到站后自动清客,自动打开车门和站台门并自动扣车; c) 在 OCC 调度工作站完成清客确认或在站台按压清客确认按钮(如配置),自动取消扣车,列车工况自动转换为"退出正线服务",自动关闭车门和站台门并自动离站

5.3.9 系统自动扣车功能检验应符合表5.3.9的规定。

检验数量:抽取 1 个区间;抽取 1 列车。

检验方式:测试检验;见证检验。

表 5.3.9 系统自动扣车功能检验

项目名称	系统自动扣车功能检验
检验内容及方法	a) 安排检验区间列车数量达到系统参数设定值,安排检验列车往该区间上一站台运行,观察和记录列车是否到达站台后自动扣车,列车车门和站台门状态以及车辆 PIS、车辆 PA 情况; b) 安排检验区间列车数量小于系统参数设定值,观察并记录列车车门与站台门状态以及列车运行情况
结果要求	a) 列车数量大于系统参数设定值,列车在站台自动扣车,列车车门与站台门自动打开并保持开启,车辆 PIS、车辆 PA 自动显示/播报扣车信息; b) 列车数量小于系统参数设定值,列车车门与站台门自动关闭,列车自动离站

5.3.10 列车工况模式自动转换功能检验应符合表 5.3.10 的规定。

检验数量:抽取 1 列车;抽取"唤醒"至"正线服务"工况及"退出正线服务"至"休眠"工况。

检验方式:测试检验;见证检验。

表 5.3.10 列车工况模式自动转换功能检验

项目名称	列车工况模式自动转换功能检验
检验内容及方法	编制运行计划,安排列车运行,观察 OCC 调度工作站是否显示列车工况执行情况,记录列车是否根据运行计划自动执行"唤醒""正线服务""退出正线服务""休眠"等工况模式转换;观察并记录列车车厢内照明和空调状态是否匹配列车工况
结果要求	列车根据运行计划自动转换工况模式,OCC 调度工作站显示列车工况执行情况,列车车厢内照明和空调状态匹配列车工况

5.3.11 列车工况模式人工设置功能检验应符合表 5.3.11 的规定。

检验数量:抽取 1 列车;抽取"正线服务""退出正线服务"工况。

检验方式:测试检验;见证检验。

表 5.3.11 列车工况模式人工设置功能检验

项目名称	列车工况模式人工设置功能检验
检验内容及方法	在 OCC 调度工作站人工设置列车工况,观察并记录 OCC 调度工作站上列车工况是否根据人工设置的"正线服务""退出正线服务"工况模式执行转换,列车车厢内照明和空调状态是否匹配当前列车工况
结果要求	OCC 调度工作站显示列车工况根据人工设置命令转换,列车车厢内照明和空调状态匹配当前列车工况

5.3.12 FAM 模式指示灯功能检验应符合表 5.3.12 的规定。

检验数量:抽取 1 列车。

检验方式:测试检验;见证检验。

表 5.3.12 FAM 模式指示灯功能检验

项目名称	FAM 模式指示灯功能检验
检验内容及方法	a) 安排列车进入 FAM 模式,观察并记录列车外侧指示灯是否根据系统设计进行显示; b) 安排列车切换至其他驾驶模式,观察并记录列车外侧指示灯状态变化是否根据系统设计进行显示
结果要求	FAM 模式指示灯根据列车所处驾驶模式进行显示

5.3.13 列车自动鸣笛(如有)功能检验应符合表 5.3.13 的规定。

检验数量:抽取 1 列车;抽取 1 座车辆基地。

检验方式:测试检验;见证检验。

表 5.3.13 列车自动鸣笛功能检验

项目名称	列车自动鸣笛功能检验
检验内容及方法	加载出库计划,观察并记录列车在车辆基地内以 FAM 模式动车前是否具备自动执行鸣笛功能
结果要求	列车符合设计要求在车辆基地内以 FAM 模式动车前自动鸣笛

5.3.14 列车自动洗车功能检验应符合表 5.3.14 的规定。

检验数量:抽取 1 列车;抽取 1 台洗车机。

检验方式:测试检验;见证检验。

表 5.3.14 列车自动洗车功能检验

项目名称	列车自动洗车功能检验
检验内容及方法	加载洗车计划,观察并记录: a) 列车是否根据运行计划自动运行至洗车库; b) 列车停于洗车机前,列车是否进入"洗车"工况; c) 是否自动执行洗车程序;结束后是否自动驶离洗车线
结果要求	列车根据洗车计划自动运行至洗车线,自动进入"洗车"工况并自动执行洗车程序,结束后自动驶离洗车线

5.3.15 列车休眠功能检验应符合表 5.3.15 的规定。

检验数量:抽取不少于 10% 的运用列车;抽取不少于 1 座车辆基地休眠唤醒点;抽取不少于 1 个正线休眠唤醒点。

检验方式:地面操控配合随车观察、测试检验;见证检验。

表 5.3.15 列车休眠功能检验

项目名称	列车休眠功能检验
检验内容及方法	a) 加载入库计划,观察并记录列车自动回休眠点后是否自动休眠,OCC/DCC 调度工作站是否显示列车休眠相关状态信息; b) 在 OCC/DCC 调度工作站分别对停在车辆基地停车股道以及正线存车线的测试列车远程下发休眠指令,观察并记录列车是否执行休眠,OCC/DCC 调度工作站是否显示列车休眠相关状态信息; c) 在列车上执行人工休眠,观察并记录列车是否进入休眠状态,OCC/DCC 调度工作站是否显示列车休眠相关状态信息
结果要求	列车执行自动休眠、远程人工休眠、就地人工休眠,在 OCC/DCC 调度工作站显示列车休眠相关状态信息

5.3.16 列车远程在线检测功能检验应符合表 5.3.16 的规定。

检验数量:抽取 1 列车。

检验方式:地面操控配合随车观察、测试检验;见证检验。

表 5.3.16　列车远程在线检测功能检验

项目名称	列车远程在线检测功能检验
检验内容及方法	在列车上分别模拟关键车辆系统/设备故障,包括牵引、辅助逆变器、制动、客室车门、空调、广播等系统/设备,观察并记录与运营安全相关的车辆系统/设备实时状态和故障告警信息是否在OCC调度工作站正常显示
结果要求	模拟牵引、辅助逆变器、制动、客室车门、空调、广播等车辆系统/设备故障时,相应的系统/设备状态和故障告警信息在OCC调度工作站实时显示

5.3.17 列车远程控制功能检验应符合表5.3.17-1的规定。
　　检验数量:抽取1列车;测试项目见表5.3.17-2。
　　检验方式:测试检验;见证检验。

表 5.3.17-1　列车远程控制功能检验

项目名称	列车远程控制功能检验
检验内容及方法	在OCC调度工作站对列车下发远程控制相关指令,观察并记录列车运行及相关设备状态是否执行相关命令
结果要求	在OCC工作站可对列车下发远程控制指令,设备执行相关远程控制命令

表 5.3.17-2　列车远程控制测试项目

远程控制指令类型	测试项目
远程复位	信号车载控制器远程复位
远程复位	牵引逆变器远程故障复位
远程故障确认	制动缓解监控故障确认(如有)
远程故障确认	停放制动缓解监控故障确认(如有)
远程控制	远程降全弓/升单弓

5.3.18 车门远程控制(如有)功能检验应符合表5.3.18的规定。
　　检验数量:抽取1列车;抽取1座车站。
　　检验方式:测试检验;见证检验。

表 5.3.18 车门远程控制功能检验

项目名称	车门远程控制功能检验
检验内容及方法	a) 列车到站前,在 OCC 调度工作站对检验列车下发车门保持关闭命令后,观察并记录列车停站后门及站台门状态; b) 列车停在站台,对检验列车下发列车远程开/关门命令后,观察并记录车门及站台门状态; c) 列车停在站台,对检验列车下发开门侧(左/右)允许车门命令后,观察并记录左/右车门及站台门状态
结果要求	a) 列车车门及站台门保持关闭; b) 根据远程指令,车门及站台门联动打开或关闭; c) 列车车门及站台门开门侧与指令一致

5.3.19 远程广播及乘客信息发布功能检验应符合表 5.3.19 的规定。

检验数量:抽取 1 列车。

检验方式:测试检验;见证检验。

表 5.3.19 远程广播及乘客信息发布功能检验

项目名称	远程广播及乘客信息发布功能检验
检验内容及方法	在 OCC 调度工作站对列车进行远程语音播报及文字信息发布,观察并记录列车车厢内车辆 PA 以及车辆 PIS 显示情况
结果要求	列车车厢内的车辆 PA 播报 OCC 人工广播内容,车辆 PIS 显示 OCC 下发的文字信息

5.3.20 远程车载视频图像调用功能检验应符合表 5.3.20 的规定。

检验数量:抽取 1 列车。

检验方式:测试检验;见证检验。

表 5.3.20 远程车载视频图像调用功能检验

项目名称	远程车载视频图像调用功能检验
检验内容及方法	列车运行过程中,在 OCC 调度工作站调取某列车车厢 CCTV 视频画面,观察并记录 OCC 调度工作站上 CCTV 视频画面显示情况
结果要求	在 OCC 调度工作站实时显示所调取的相应列车车厢 CCTV 视频画面

5.3.21 乘客紧急对讲功能检验应符合表5.3.21的规定。
　　检验数量:抽取1列车。
　　检验方式:地面操控配合随车观察、测试检验;见证检验。

表5.3.21　乘客紧急对讲功能检验

项目名称	乘客紧急对讲功能检验
检验内容及方法	a) 随机激活列车车厢内1个IPH,观察并记录OCC调度工作站是否显示IPH触发信号及位置以及CCTV视频联动显示,在列车车厢内是否能与OCC建立实时双向通话并录音; b) 随机激活列车车厢内3个IPH,观察并记录是否在OCC调度工作站显示IPH触发信号及位置以及CCTV视频联动轮询显示;选择任意一路接通后,观察并记录其余未被接听的紧急对讲是否保留请求;乘客紧急对讲通话结束后,观察并记录是否能通过OCC调度工作站进行复位
结果要求	a) IPH激活后,OCC调度工作站显示IPH触发信号及位置,CCTV视频联动显示,OCC能与列车建立实时双向通话,可对乘客紧急对讲通话录音; b) 多个IPH激活后,在OCC调度工作站显示并选择一路接通,其余未被接听的紧急对讲保留请求;CCTV视频联动轮询显示;通话结束后,在OCC调度工作站能进行复位

5.3.22 列车与中心联动功能检验应符合表5.3.22的规定。
　　检验数量:抽取1列车;抽取1个区间。
　　检验方式:地面操控配合随车观察、测试检验;见证检验。

表5.3.22　列车与中心联动功能检验

项目名称	列车与中心联动功能检验
检验内容及方法	列车以FAM模式运行,分别激活列车驾驶台盖板、乘客紧急对讲、车门紧急解锁装置、火警和逃生门解锁装置,分别观察并记录OCC调度工作站是否具有相关告警以及CCTV视频联动显示
结果要求	车辆相关设备被激活后,在OCC调度工作站内显示报警和位置信息,并联动相应的CCTV视频画面进行显示

5.3.23 远程停车功能检验应符合表 5.3.23 的规定。

检验数量:抽取 1 列车;抽取 1 个区间。

检验方式:地面操控配合随车观察、测试检验;见证检验。

表 5.3.23 远程停车功能检验

项目名称	远程停车功能
检验内容及方法	a) 列车以 FAM 模式在区间运行,在 OCC 调度工作站对列车下发远程停车指令后,观察并记录列车是否制动停车; b) 在 OCC 调度工作站对列车下发恢复运行指令后,观察并记录列车是否启动运行
结果要求	a) 下发远程停车指令后,FAM 模式列车制动停车; b) 下发恢复运行指令后,FAM 模式列车启动运行

5.3.24 紧急制动自动缓解功能检验应符合表 5.3.24 的规定。

检验数量:抽取 1 列车。

检验方式:测试检验;见证检验。

表 5.3.24 紧急制动自动缓解功能检验

项目名称	紧急制动自动缓解功能检验
检验内容及方法	a) 列车运行期间设置信号触发紧急制动条件,观察并记录列车是否施加紧急制动; b) 取消紧急制动触发条件,观察并记录紧急制动是否自动缓解
结果要求	a) 设置信号触发紧急制动条件后,列车施加紧急制动; b) 列车停车后,且紧急制动触发条件取消,部分紧急制动自动缓解

5.3.25 工作人员防护开关功能检验应符合表 5.3.25 的规定。

检验数量:抽取 1 列车;抽取 1 座车辆基地的 1 个 SPKS;抽取 1 座车站的 1 个 SPKS。

检验方式:地面操控配合随车观察、测试检验;见证检验。

表 5.3.25　工作人员防护开关功能检验

项目名称	工作人员防护开关功能检验
检验内容及方法	检验列车停于被检验 SPKS 防护区域外,分别激活车站和车辆基地的 SPKS,观察并记录: a) OCC 调度工作站是否显示激活的 SPKS 防护区域; b) 安排列车以 FAM 模式驶向该区域,观察并记录列车是否进入该区域; c) 取消 SPKS,观察并记录列车恢复运行,是否驶入该区域; d) 激活该 SPKS,观察并记录列车是否施加紧急制动
结果要求	a) SPKS 激活后,OCC 调度工作站显示显示激活的 SPKS 防护区域; b) FAM 模式列车不能进入该 SPKS 防护区域; c) 恢复 SPKS 后,列车自动恢复运行可进入该 SPKS 区域; d) SPKS 激活后,已进入该 SPKS 区域的列车立即触发紧急制动停车

5.3.26　信号授权解锁逃生门功能检验应符合表 5.3.26 的规定。

检验数量:抽取 1 列车。

检验方式:地面操控配合随车观察、测试检验;见证检验。

表 5.3.26　信号授权解锁逃生门功能检验

项目名称	信号授权解锁逃生门功能检验
检验内容及方法	a) 列车在区间运行或停在区间时,车内检验人员激活逃生门解锁装置,观察并记录 OCC 调度工作站是否显示相应告警和设备状态信息; b) 列车满足系统设计的逃生门解锁条件后,车内检验人员手动打开逃生门,观察并记录逃生门是否能打开
结果要求	逃生门解锁装置激活,在 OCC 调度工作站显示相应的告警及设备状态信息,信号授权解锁逃生门条件满足后逃生门可以被打开

5.3.27　蠕动模式功能检验应符合表 5.3.27 的规定。

检验数量:抽取 1 列车;抽取 1 个区间。

检验方式:地面操控配合随车观察、测试检验;见证检验。

表 5.3.27 蠕动模式功能检验

项目名称	蠕动模式功能检验
检验内容及方法	列车区间运行,设置需采用蠕动模式的故障,观察并记录: a) 设置故障后,观察在 OCC 调度工作站设备状态,记录是否有 CAM 请求信息; b) 在 OCC 调度工作站远程人工授权列车进入 CAM,观察列车是否以不超过设定的限速自动运行至下一站; c) 列车停车后,记录列车运行状态
结果要求	a) 模拟故障发生后,OCC 调度工作站显示进入 CAM 的请求,在 OCC 调度工作站远程人工授权列车进入 CAM 后,列车标记能够区分显示进入 CAM; b) 列车以不超过设定的限速自动运行至下一站; c) 列车到站后停车,自动打开车门/站台门,且停站时间结束后不自动发车

5.3.28 远程限制驾驶模式驾驶列车(如有)功能检验应符合表 5.3.28 的规定。

检验数量:抽取 1 列车;抽取 1 区间。

检验方式:测试检验;见证检验。

表 5.3.28 远程限制驾驶模式驾驶列车功能检验

项目名称	远程限制驾驶模式驾驶列车功能检验
检验内容及方法	模拟列车在区间失去定位后(如远程重启车载控制器),在 OCC 调度工作站授权列车进入远程限制驾驶模式,观察并记录列车是否以低速运行; 恢复模拟条件,重新建立定位后,观察并记录列车是否自动恢复 FAM 模式运行
结果要求	列车进入远程限制驾驶模式后,自动运行并进行速度安全防护,在重新建立定位后可恢复 FAM 模式运行

5.3.29 列车障碍物探测功能检验应符合表 5.3.29 的规定。

检验数量:抽取 1 列车。

检验方式:地面操控配合随车观察、测试检验;见证检验。

表 5.3.29 列车障碍物探测功能检验

项目名称	列车障碍物探测功能检验
检验内容及方法	模拟列车障碍物探测装置检验到异物,观察并记录OCC调度工作站是否显示报警信息,列车是否自动触发紧急制动
结果要求	OCC调度工作站显示报警信息,列车自动施加紧急制动

5.3.30 车门/站台门对位隔离功能检验应符合表5.3.30的规定。

检验数量:抽取1列车;抽取1个对应列车左侧的站台;抽取1个对应列车右侧的站台。

检验方式:地面操控配合随车观察、测试检验;见证检验。

表 5.3.30 车门/站台门对位隔离功能检验

项目名称	车门/站台门对位隔离功能检验
检验内容及方法	分别进行列车左侧对位隔离检验和右侧对位隔离检验: a) 随机隔离列车2扇车门,列车停站后自动开门,观察并记录隔离车门对应的站台滑动门是否打开; b) 随机隔离2扇站台滑动门(不同于步骤a)中检验的站台门),列车停站后自动开门,观察并记录隔离站台滑动门对应的车门是否打开
结果要求	a) 隔离车门对应的站台滑动门保持关闭,其他车门和站台滑动门正常打开; b) 隔离站台滑动门对应的车门保持关闭,其他车门和站台滑动门正常打开

5.3.31 站台联动开/关门功能检验应符合表5.3.31的规定。

检验数量:抽取1列车;抽取不少于10%站台。

检验方式:地面操控配合随车观察、测试检验;见证检验。

表 5.3.31 站台联动开/关门功能检验

项目名称	站台联动开/关门功能检验
检验内容及方法	安排检验列车在站台停车并且车门处于关闭状态,分别激活位于站台的联动开/关门按钮,观察并记录车门与站台门是否执行联动开启或关闭
结果要求	分别激活联动开/关门按钮后,车门与站台门联动开启/关闭

5.3.32 站台门间隙探测功能检验应符合表5.3.32的规定。
　　　　检验数量:抽取1列车;抽取1个站台。
　　　　检验方式:地面操控配合随车观察、测试检验;见证检验。

表5.3.32　站台门间隙探测功能检验

项目名称	站台门间隙探测功能检验
检验内容及方法	模拟关门后间隙探测系统检验到障碍物,观察并记录: a) 在OCC调度工作站和车站值班员工作站是否显示告警信息,列车是否自动离站; b) 取消模拟条件后,观察报警是否恢复,记录列车是否自动发车离站
结果要求	a) 检验到障碍物后,OCC调度工作站和车站值班员工作站显示站台门间隙探测装置报警信息,列车无法离站; b) 取消模拟条件后报警状态消失,列车自动离站

5.4　性能检验

5.4.1 列车出库能力检验应符合表5.4.1的规定。
　　　　检验数量:抽取3列车;抽取1座车辆基地。
　　　　检验方式:测试检验;见证检验。

表5.4.1　列车出库能力检验

项目名称	列车出库能力检验
检验内容及方法	加载出库计划(出入线接轨站的停站时间按设计设置),观察并记录: a) 列车以FAM模式从车辆基地停车股道发车; b) 列车自动运行经过出段线,到达出入线接轨站; c) 以出入线接轨站的到达时分(ATS实迹运营图时标)为基准计算间隔
结果要求	列车出库间隔不大于120 s

5.4.2 列车入库能力检验应符合表5.4.2的规定。
　　　　检验数量:抽取3列车;抽取1座车辆基地。

检验方式:测试检验;见证检验。

表 5.4.2 列车入库能力检验

项目名称	列车入库能力检验
检验内容及方法	加载入库计划(出入线接轨站的停站时间按设计设置),观察并记录: a) 列车以 FAM 模式从出入线接轨站发车; b) 列车自动驶入入库计划内设定的车辆基地停车股道; c) 以出入线接轨站的出发时分(ATS 实迹运营图时标)为基准计算间隔
结果要求	列车入库间隔不大于 120 s

5.4.3 列车站前折返能力检验应符合表 5.4.3 的规定。

　　检验数量:抽取 6 列车;抽取 1 个站前折返站。

　　检验方式:测试检验;见证检验。

表 5.4.3 列车站前折返能力检验

项目名称	列车站前折返能力检验
检验内容及方法	加载运行计划(停站时间按设计设置),观察并记录: a) 列车以 FAM 模式到达站前折返站停车、开关门并发车; b) 以折返站的出发时分(ATS 实迹运营图时标)为基准计算间隔,平均后折算(s)
结果要求	列车站前折返间隔不大于 150 s

5.4.4 列车站后折返能力检验应符合表 5.4.4 的规定。

　　检验数量:抽取 6 列车;抽取 1 个站后折返站。

　　检验方式:测试检验;见证检验。

表 5.4.4 列车站后折返能力检验

项目名称	列车站后折返能力检验
检验内容及方法	加载运行计划(停站时间按设计设置),观察并记录: a) 列车以 FAM 模式从折返站发车; b) 列车驶入折返线停车,列车完成行驶方向转换,排列进路; c) 列车从折返线发车; d) 以折返站的出发时分(ATS 实迹运营图时标)为基准计算间隔,平均后折算(s)

续表5.4.4

项目名称	列车站后折返能力检验
结果要求	列车站后折返间隔不大于 120 s

5.4.5 列车行车间隔能力检验应符合表 5.4.5 的规定。

检验数量：抽取 4 列车；抽取最长停站时间的车站及相邻区间。

检验方式：测试检验；见证检验。

表 5.4.5 列车行车间隔能力检验

项目名称	列车行车间隔能力检验
检验内容及方法	加载正线运行计划(停站时间按设计设置)，观察并记录： a) 列车根据运行计划以最高运营等级，并以不受影响的进站速度运行； b) 运行期间完成到站自动开关门及自动发车； c) 以车站的出发时分(ATS 实迹运营图时标)为基准计算间隔
结果要求	列车正线行车间隔不大于 90 s

5.4.6 列车分岔能力检验应符合表 5.4.6 的规定。

检验数量：抽取 5 列车；分岔站及相邻区间。

检验方式：测试检验；见证检验。

表 5.4.6 列车分岔能力检验

项目名称	列车分岔能力检验
检验内容及方法	加载运行计划(分岔站的停站时间按设计设置)，观察并记录： a) 第一列车在分岔站通过道岔正向运行； b) 第二列车在分岔站通过道岔侧向运行； c) 第三列车在分岔站通过道岔正向运行； d) 第四列车在分岔站通过道岔侧向运行； e) 第五列车在分岔站通过道岔正向运行； f) 以分岔站的出发时分(ATS 实迹运营图时标)为基准计算间隔，取平均值作为列车分岔能力
结果要求	列车分岔间隔不大于 120 s

5.4.7 列车汇合能力检验应符合表 5.4.7 的规定。

检验数量:抽取 5 列车;汇合能力的车站及相邻区间。

检验方式:测试检验;见证检验。

表 5.4.7 列车汇合能力检验

项目名称	列车汇合能力检验
检验内容及方法	加载运行计划(汇合站的停站时间按设计设置),观察并记录: a) 第一列车通过道岔正向进入汇合站; b) 第二列车通过道岔侧向进入汇合站; c) 第三列车通过道岔正向进入汇合站; d) 第四列车通过道岔侧向进入汇合站; e) 第五列车通过道岔正向进入汇合站; f) 以汇合站的到达时分(ATS实迹运营图时标)为基准计算间隔,取平均值作为列车汇合能力
结果要求	列车汇合间隔不大于 120 s

5.4.8 列车自动唤醒能力检验应符合表 5.4.8 的规定。

检验数量:抽取 5 列车;1 座车辆基地。

检验方式:测试检验;见证检验。

表 5.4.8 列车自动唤醒能力检验

项目名称	列车自动唤醒能力检验
检验内容及方法	在车辆基地停车列检库区域准备 5 列正常休眠无故障列车,通过 ATS 时刻表设置同一时间段内唤醒 5 列车,观察并记录列车唤醒情况
结果要求	5 列车均成功完成自动唤醒

6 安全验收

6.1 一般规定

6.1.1 应对核心系统安全管理文件(含安全输出)、第三方安全评估文件等安全相关文件进行审核,通过第三方安全评估认证的核心系统功能应达到第6.2节规定的安全完整性等级要求。

6.1.2 对于全自动运行系统车辆基地、车站及区间、列车的安全配置检查,应对设计、建设和施工单位出具的相关设计文件和报告进行核查,并根据相关设计标准和设计文件进行现场观察检查。

6.1.3 文件审核应采用全覆盖的方式,观察检查宜采用抽测的方式。

6.1.4 应在本标准规定范围内逐项进行安全验收,并形成相应的验收记录。

6.2 安全性审核

6.2.1 全自动运行车辆、信号系统的安全完整性等级应符合表6.2.1的规定。

表6.2.1 全自动运行车辆、信号系统的安全完整性等级

系统	子系统		SIL
车辆	制动系统	紧急制动	4级
		常用制动	2级
		车轮防滑	2级

续表6.2.1

系统	子系统	SIL
车辆	车门控制单元	2级
	牵引系统	2级
	乘客紧急对讲	2级
	火灾和烟雾监测	2级
信号	ATP	4级
	计算机联锁	4级
	列车次级检测装置	4级
	ATS	2级
	ATO	2级

6.2.2 全自动运行综合监控、站台门、通信系统的安全完整性等级宜符合表6.2.2的规定。

表6.2.2 全自动运行综合监控、站台门、通信系统的安全完整性等级

系统	子系统	SIL
综合监控	ISCS	2级
站台门	站台门控制器和门控单元	2级
通信	传输和无线通信	1级

6.3 安全配置检查

6.3.1 全自动运行系统车辆基地安全配置应符合下列要求：
检验数量：全部检查。
检验方式：观察检查。
1 车辆基地应设置全自动区域和非全自动区域；全自动区域应涵盖列车日常停车区域、洗车区域、试车线区域、出入库区域及段场内列车自动运行的行车线路等相关区域，全自动区域内应

按需求划分为若干个保护分区;其余区域为非全自动区域。

2 全自动区域应设置物理隔断,并设置安全防护标志标识,与非全自动区域的过渡区域应设有相应技防或人防措施,并制定相应管理制度。

3 全自动区域各保护分区应设有物理隔离设施并设置工作人员防护开关,设置安全防护标志标识。

4 车辆基地停车库应配套设置工作人员登乘平台,并具备工作人员上下车的安全措施,登乘通道与全自动区域轨行区作业人员通道宜分离设置。

6.3.2 全自动运行系统车站安全配置应符合下列要求:

检验数量:抽取1座车站。

检验方式:观察检查。

1 车站紧急情况下使用的安全应急设施、疏散通道和紧急出口,应具有齐全醒目的警示标志和使用说明,以指导乘客使用,图文应明确、简易、醒目,并注明"使用前提""不得擅动"等内容。

2 车站站台端头门应设有门禁系统,端头门宜接入站台门安全回路;端头门内用房不宜采用端门延伸区域作为走行通道;若有延伸区域作为走行通道,应设置隔离措施。

3 车站存车线内宜配套设置工作人员登乘平台,并具备工作人员上下车的安全措施。

4 轨行区至车站的疏散楼梯、疏散平台在联络通道处的坡道连接、区间联络通道防火门开启等不应影响乘客紧急疏散。

6.3.3 全自动运行系统列车安全配置应满足以下要求:

检验数量:抽取1列车。

检验方式:观察检查。

1 列车车门防夹警示、车门防倚靠警示、紧急报警提示、车门紧急解锁操作提示、消防设备提示、应急疏散等安全标志基本齐全,安全提示宜采用图像与文字结合的形式,简洁明了,具备指导乘客操作的功能。

2 列车驾驶台上应配置带锁的盖板,能遮盖驾驶台上所有的设备不被非工作人员接触;盖板上应贴有"禁止坐卧""禁止放置物品""禁止液体"等含义的警示标识;全自动运行系统降级情况下,应具备操作人员驾驶区域与客室之间的临时隔断,相关警示标识应完整清晰。

附录 A 指标计算方法

A.1 列车运行图兑现率

A.1.1 定义

统计期内,实际开行列车次数与列车运行图图定开行列车次数之比,实际开行的列车次数中不包括临时加开的列车次数。

A.1.2 计算方法

列车运行图兑现率按下式计算:

$$A = \frac{N_1}{N_4} \times 100\% \qquad (A.1.2)$$

式中:A——列车运行图兑现率;

N_1——实际开行列车次数,即实际完成列车运行图中规定的列车开行计划的列车数量,单位为列;

N_4——图定开行列车次数,即列车运行图中规定的开行列车数量,单位为列。

A.2 列车正点率

A.2.1 定义

统计期内,正点列车次数与实际开行列车次数之比。

A.2.2 计算方法

列车正点率按下式计算:

$$B = \frac{N_3}{N_1} \times 100\% \qquad (A.2.2)$$

式中:B——列车正点率;
N_3——正点列车次数,即统计期内,在执行列车运行图过程中,列车终点到站时刻与列车运行图计划到站时刻相比误差小于 2 min 的列车次数,单位为列。

A.3 列车服务可靠度

A.3.1 定义

统计期内,全部列车总行车里程与 5 min 及以上延误次数之比,单位为万列公里/次。

A.3.2 计算方法

列车服务可靠度按下式计算:

$$C = \frac{L}{N_5} \qquad (A.3.2)$$

式中:C——列车服务可靠度;
L——全部列车总行车里程,单位为万列公里;
N_5——5 min 及以上延误次数,单位为次。

A.4 列车退出正线运营故障率

A.4.1 定义

统计期内,列车因发生车辆故障而必须退出正线运营的故障次数与全部列车总行车里程的比值,单位为次/万列公里。

A.4.2 计算方法

列车退出正线运营故障率按下式计算:

$$D = \frac{N_6}{L} \qquad (A.4.2)$$

式中:D——列车退出正线运营故障率;

N_6——导致列车退出正线运营的车辆故障次数,即因发生车辆故障而导致列车必须退出正线运营的故障次数,单位为次。

A.5 车辆系统故障率

A.5.1 定义

统计期内,导致列车运行晚点 2 min 及以上的车辆故障次数与全部列车总行车里程的比值,单位为次/万列公里。

A.5.2 计算方法

车辆系统故障率按下式计算:

$$E = \frac{N_2}{L} \qquad (A.5.2)$$

式中:E——车辆系统故障率;

N_2——导致 2 min 及以上晚点的车辆故障次数,单位为次。

A.6 信号系统故障率

A.6.1 定义

统计期内,信号系统故障次数与全部列车总行车里程的比值,单位为次/万列公里。

A.6.2 计算方法

信号系统故障率按下式计算:

$$F = \frac{N_7}{L} \qquad (A.6.2)$$

式中:F——信号系统故障率;

N_7——信号系统故障次数,信号系统故障是指列车无法以自动防护模式运行、部分区段无速度码或发生道岔失去表示的情况,单位为次。

A.7 站台门故障率

A.7.1 定义

统计期内,站台门故障次数与站台门动作次数的比值。

A.7.2 计算方法

站台门故障率按下式计算:

$$G = \frac{N_8}{N_9} \quad\quad (A.7.2)$$

式中:G——站台门故障率;

N_8——站台门故障次数,即单个站台门无法打开或关闭记为站台门故障一次,多个站台门同时无法打开或关闭,故障次数按发生故障的站台门数量累计,单位为次;

N_9——站台门动作次数,即单个站台门开启并关闭1次记为站台门动作1次,单位为万次。

A.8 退出全自动运行模式率

A.8.1 定义

统计期内,列车因发生故障而必须退出全自动运行运营的故障次数与全部列车总行车里程比值,单位为次/万列公里。

A.8.2 计算方法

列车退出正线运营故障率按下式计算:

$$H = \frac{N_{10}}{L} \quad\quad (A.8.2)$$

式中:H——退出全自动运行模式率;

N_{10}——导致列车退出全自动运行模式运营的故障次数,即因发生故障而导致列车必须退出全自动运行模式运营的故障次数,单位为次。

A.9 列车唤醒自检成功率

A.9.1 定义

统计期内,实际列车唤醒自检成功次数与图定计划列车唤醒自检次数之比,实际列车唤醒自检成功次数中不包括临时唤醒自检的列车次数。

A.9.2 计算方法

列车唤醒自检成功率按下式计算：

$$I = \frac{N_{11}}{N_{12}} \times 100\% \qquad (A.9.2)$$

式中：I——列车唤醒自检成功率；

N_{11}——实际列车唤醒自检成功次数,单位为列；

N_{12}——图定计划列车唤醒自检次数,单位为列。

附录 B 功能验收记录

表 B 全自动运行系统功能检验记录

主控项目						
检验时间		检验地点		检验用车		检验人员
检验前提：						
序号	检验步骤		检验要求		检验结果	备注
a)					通过□ 未通过□	
b)					通过□ 未通过□	
c)					通过□ 未通过□	
…					通过□ 未通过□	
结论：						
验收单位	建设单位	设计单位	监理单位	综合联调单位		运营单位
签名						

附录 C 安全验收记录

C.0.1 全自动运行系统安全管理文件审核应按照表 C.0.1 记录。

表 C.0.1 全自动运行系统安全管理文件审核记录

主控项目			
审核时间		审核人员	
安全管理文件	审核结果		备注
安全保证计划	具备□ 不具备□		
系统故障树分析(FTA)	具备□ 不具备□		
系统安全危害分析(SHA)	具备□ 不具备□		
初步安全危害分析(PHA)	具备□ 不具备□		
接口安全危害分析(IHA)	具备□ 不具备□		
子系统安全危害分析(SSHA)	具备□ 不具备□		
操作与支持安全危害分析(OSHA)	具备□ 不具备□		
安全危害记录管理	具备□ 不具备□		
安全论据(Safety Case)	具备□ 不具备□		

续表C.0.1

安全管理文件	审核结果	备注
安全须知(Safety Instructions)	具备□ 不具备□	
安全评估计划(ISA Plan)	具备□ 不具备□	
安全评估报告(ISA Report)	具备□ 不具备□	
结论：		

验收单位	建设单位	设计单位	监理单位	运营单位
签名				

注：以上为信号系统安全管理文件范例，包括并不限于以上文件。

C.0.2 全自动运行核心系统安全完整性等级审核应按照表C.0.2记录。

表C.0.2 全自动运行核心系统安全完整性等级审核记录

主控项目				
审核时间			审核人员	
系统	子系统	SIL要求	安全评估报告审核结果	备注
			符合要求□ 不符合要求□	
			符合要求□ 不符合要求□	
			符合要求□ 不符合要求□	

续表C.0.2

系统	子系统	SIL要求	安全评估报告审核结果	备注
			符合要求□ 不符合要求□	
			符合要求□ 不符合要求□	
			符合要求□ 不符合要求□	
			符合要求□ 不符合要求□	

结论：

验收单位	建设单位	设计单位	监理单位	运营单位
签名				

C.0.3 全自动运行系统安全配置检查应按照表C.0.3记录。

C.0.3 全自动运行系统安全配置检查记录

主控项目				
检查时间		安全配置地点	检查人员	
序号	检查要求		检查结果	备注
1	a)		符合要求□ 不符合要求□	
	b)		符合要求□ 不符合要求□	

续表C.0.3

序号	检查要求	检查结果	备注
1	c)	符合要求□ 不符合要求□	
	...	符合要求□ 不符合要求□	
2		符合要求□ 不符合要求□	
		符合要求□ 不符合要求□	
3		符合要求□ 不符合要求□	
		符合要求□ 不符合要求□	
4		符合要求□ 不符合要求□	
		符合要求□ 不符合要求□	
结论:			

验收单位	建设单位	设计单位	监理单位	运营单位
签名				

本标准用词说明

1 为便于在执行本标准条文时区别对待,对要求严格程度不同的用词说明如下:
  1) 表示很严格,非这样做不可的用词:
     正面词采用"必须";
     反面词采用"严禁"。
  2) 表示严格,在正常情况下均应这样做的用词:
     正面词采用"应";
     反面词采用"不应"或"不得"。
  3) 表示允许稍有选择,在条件许可时首先应这样做的用词:
     正面词采用"宜";
     反面词采用"不宜"。
  4) 表示有选择,在一定条件下可以这样做的用词,采用"可"。

2 条文中指明应按其他有关标准、规范执行时的写法为"应符合……的规定"或"应按……执行"。

引用标准名录

1 《城市轨道交通通信工程质量验收规范》GB 50382
2 《轨道交通可靠性、可用性、可维修性和安全性规范及示例》GB/T 21562
3 《轨道交通通信、信号和处理系统控制和防护系统软件》GB/T 28808
4 《轨道交通通信、信号和处理系统信号用安全相关电子系统》GB/T 28809
5 《轨道交通自动化的城市轨道交通(AUGT)安全要求 第1部分:总则》GB/T 32588.1
6 《轨道交通城市轨道交通运输管理和指令/控制系统 第1部分:系统原理和基本概念》GB/T 32590.1
7 《城市轨道交通信号工程施工质量验收标准》GB/T 50578
8 《城市轨道交通综合监控系统工程施工与质量验收规范》GB/T 50732

上海市工程建设规范

城市轨道交通全自动运行系统验收标准

DG/TJ 08—2442—2023
J 17272—2023

条 文 说 明

2024　上海

目　次

1 总　则 …………………………………………………… 47
2 术　语 …………………………………………………… 49
4 基本规定 ………………………………………………… 50
5 功能验收 ………………………………………………… 51
　5.1 一般规定 …………………………………………… 51
　5.2 指标验收 …………………………………………… 51
　5.3 功能检验 …………………………………………… 51
　5.4 性能检验 …………………………………………… 53
6 安全验收 ………………………………………………… 54
　6.1 一般规定 …………………………………………… 54

Contents

1 General provisions 47
2 Terms 49
4 Basic requirements 50
5 Functional acceptance 51
    5.1 General requirements 51
    5.2 Indicator test 51
    5.3 Functional test 51
    5.4 Performance test 53
6 Safety acceptance 54
    6.1 General requirements 54

1 总　则

1.0.1 本标准主要参照现行国家标准《城市轨道交通信号工程施工质量验收标准》GB/T 50578 的编制方法，明确了全自动运行系统功能与安全的验收内容，重点针对全自动运行系统中与行车组织密切相关的车辆、信号、综合监控、站台门以及通信各核心系统提出了具体的检验要求；本标准规定的全自动运行系统验收是以全自动运行系统设计及各核心系统合同定义的系统需求作为通过验收的基准，可由建设单位或运营单位在建设行为结束且系统功能和安全性达到验收要求后组织开展相关工作，并可作为城市轨道交通全自动运行系统建设交付运营的见证。

1.0.2 GoA4 等级标准参照现行国家标准《轨道交通城市轨道交通运输管理和指令/控制系统　第 1 部分：系统原理和基本概念》GB/T 32590.1 中对自动化等级的相关规定。以 GoA3 等级标准建设的可以根据线路运营需求和系统设计参考执行。

1.0.3 本标准规定的全自动运行系统功能是指为实现城市轨道交通 UTO 运营需求，对城市轨道交通中与行车组织密切相关的车辆、信号、综合监控、站台门以及通信各核心系统所提供出的 GoA4 等级大系统集成功能要求，是对传统有人驾驶线路运输管理和指令/控制系统的功能要求的增强；全自动运行核心系统安全是对全自动运行系统进行顶层危害分析后形成的系统安全要求，是对有人驾驶线路运输管理和指令/控制系统安全要求的补充，具体参照现行国家标准《轨道交通自动化的城市轨道交通（AUGT）安全要求　第 1 部分：总则》GB/T 32588.1 的相关要求。本标准重点描述全自动运行系统新增和提升的系统功能和安全要求，与有人驾驶相同的系统功能和安全要求不再赘述。

1.0.4 全自动运行系统验收应包含各核心系统单专业工程质量验收；单系统工程质量验收应符合相应的现行国家标准要求：如信号系统工程质量验收应符合《城市轨道交通信号工程施工质量验收标准》GB/T 50578 的相关要求；通信系统工程质量验收应符合《城市轨道交通通信工程质量验收规范》GB 50382 的相关要求；综合监控工程质量验收应符合《城市轨道交通综合监控系统工程施工与质量验收规范》GB/T 50732 的相关要求。

2 术 语

2.0.3 综合自检包含各核心车载子系统进行符合系统设计要求的自检项目,以及信号和车辆共同完成的符合系统设计要求的联合测试项目,以保证FAM模式列车具备全自动运行出库并投入正线运行的功能。

2.0.9 列车在全自动运行区域内具备全自动运行能力,系统应提供相应的安全防护。

4 基本规定

4.0.1 核心系统单专业调试、接口功能调试以及综合联调合格是执行全自动运行系统验收的前提条件,验收时提供应提供调试、联调遍历测试报告;各核心系统的安全管理工作主要指车辆、信号、综合监控、站台门以及通信系统供应商负责执行的各核心系统安全管理流程,并提供相应的安全评估文件及安全管理文件(含安全输出),各核心系统第三方安全评估主要指第三方检验认证机构提供的安全评估认证。

4.0.2 本标准规定的全自动运行系统工程质量验收的检验批为被检验实体对象,即全自动运行系统;验收从全自动运行系统功能以及全自动运行系统安全两方面进行验收内容的定义和细化,应针对包含指标、功能、性能、安全完整性等级以及安全配置在内的每个具体主控项目进行全部检验。

4.0.3 在进行功能验收以及安全验收时,可按照系统设计原理以及线路实际情况抽取最小检验单元来进行检验操作,具体体现在检验数量的规定上。

5 功能验收

5.1 一般规定

5.1.1 全自动运行系统功能要求是由全自动运行运营场景导出的系统需求,已完全覆盖全自动运行运营场景,此处并未列出按照运营场景来划分,避免出现不同场景应用相同功能的重复问题。

5.1.2 全自动运行系统的设计文件应包含全自动运行运营场景、由运营场景导出全自动运行系统功能、各核心专业之间接口要求以及分配给各核心专业的功能要求等。

5.1.3 检验记录中的检验步骤应根据特定的全自动运行线路建设及设计要求进行适应性编写。

5.2 指标验收

全自动运行系统关键运营质量指标和可靠性指标的检验可分为两个阶段,第 5.2.2 条的验收内容宜在初期运营前完成,第 5.2.1 条的验收内容宜在线路初期运营后、质保结束前完成。列车服务可靠度是基于由于系统设备故障导致 5 min 及以上延误的次数进行计算的,不包含人为干预(如多职能列控、中心调度员的操作)后的结果。

5.3 功能检验

功能检验宜在线路初期运营前完成。检验方式中的测试检验主要针对检验操操作人员,包括借助测试工具的测试项和不包括测试工具的测试项,其中借助测试工具的测试项在表格中已经明确,不借助测试工具的测试项通过目测观察结果并进行相应的记录;见证检验主要针对不参与测试操作的人员的其他见证人员,对检验过程和结果进行确认和证明。功能检验表格中的 OCC 调度工作站是指按照系统设计要求设置在控制中心供各调度员操作使用的工作站,包括 ATS 工作站、无线调度工作站、综合监控工作站、维修调/车辆调工作站或其他一体化监控工作站等;检验表格中的车站值班员工作站是指按照系统设计要求设置在车控室内供车站值班员操作使用的工作站,包括 ATS 工作站、综合监控工作站或其他一体化监控工作站等。

5.3.1 车辆相关系统包含车辆牵引制动系统、车门系统、TCMS、辅逆系统、车载无线、乘客信息系统等与全自动运行项密切相关的车辆子系统。

5.3.3 站台侧是两侧还是单侧取决于线路/站台的建设要求,可根据项目设计配置要求,若设计为左侧开门即测试左侧,若设计右侧开门即测试右侧,若为双侧开门即测试双侧,可以在编写具体的检验记录表格中体现,本标准中的检验要求中不具体细化。

5.3.4 自动对位范围不包含停车窗精度,可根据项目需求配置,如 0.5 m。

5.3.6 根据站后折返系统设计,列车可在离开折返线到达折返站后进行激活端换端,检验方案可进行相应的调整。

5.3.13 列车出库前可根据项目需求设置自动鸣笛;对于邻近居民区、鸣笛易扰民的列车休眠区域可不设置自动鸣笛,若没有配置此功能,则无需作为验收主控项目。

5.3.18 车门远程控制可按线路站台情况以及项目设计要求进行配置,若没有配置此功能,则无需作为验收主控项目。

5.3.27 可在信号或车辆侧模拟信号与车辆 TCMS 网络中断、TCMS 故障或 ATO 牵引/制动力板卡故障的情况以便进入 CAM。

5.3.28 远程限制驾驶模式可根据项目需求进行配置,若没有配置此功能,则无需作为验收主控项目。

5.3.29 本标准规定的全自动运行系统列车障碍物探测装置提供被动障碍物探测功能,故检验内容及方法中采用列车障碍物探测装置触碰到异物的方式激活检验条件。

5.4 性能检验

全自动运行系统的性能与工程线路的运营要求、线路站型设计、车辆特性等因素密切相关,本标准规定的全自动运行系统性能检验指标是基于采用6节编组的A型列车,正线采用9号道岔(顶篷速度40 km/h),站后折返能力满足120 s,停站时间不超过35 s的线路条件提出的要求,对于上述边界条件变化的项目验收可结合具体情况对指标要求做适应性调整,并提供必要的说明。

6 安全验收

6.1 一般规定

6.1.1 全自动运行系统安全性审核的前提条件是在各核心系统设备供应商完成相应的安全管理工作且第三方检测认证机构完成安全评估,第三方安全评估应评估各核心系统集成是否遵循现行国家标准《轨道交通可靠性、可用性、可维修性和安全性规范及示例》GB/T 21562、《轨道交通通信、信号和处理系统控制和防护系统软件》GB/T 28808 和《轨道交通通信、信号和处理系统信号用安全相关电子系统》GB/T 28809 的相关要求。第三方安全评估报告中应包含对安全管理文件的文档审核,验收阶段侧重于检查各核心系统是否具备相应的安全管理文件(含安全输出)。